AF339805

DES

PROCHAINES ÉLECTIONS,

ET

DE NOS RÉPUGNANCES.

PROCHAINES ÉLECTIONS,

ET

DE NOS RÉPUGNANCES.

PAR UN ÉLECTEUR DE QUIMPER-CORENTIN.

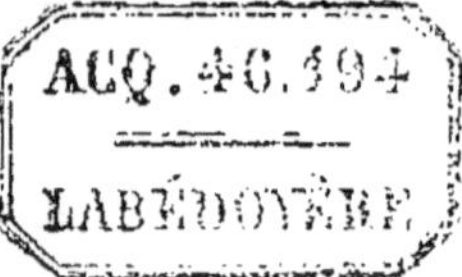

———————

A PARIS,

CHEZ TOUS LES MARCHANDS DE NOUVEAUTÉS.

———

OCTOBRE 1822.

DES
PROCHAINES ÉLECTIONS,
ET
DE NOS RÉPUGNANCES.

—

Les révolutionnaires n'imaginent pas, sans doute, qu'il ne soit permis qu'à eux d'éprouver des *répugnances* et de les faire hautement connaître. Les royalistes ont aussi les leurs ; et ce n'est pas seulement un besoin pour eux, c'est un devoir de les manifester à l'approche des élections. Si donc l'orateur des Sables-d'Olonne fut l'organe des soixante mille charbonniers de son parti, quand il déclara que la France avait vu le retour des Bourbons avec répugnance, je crois être l'organe de tous les gens de bien, en déclarant que le retour de certains factieux à la Chambre des députés, causerait une répugnance infiniment plus générale et mieux fondée.

Ce n'est pas que, sous le rapport de notre sûreté politique, il y eût beaucoup d'inconvénient à ce que M. Goyet, de la Sarthe, et les mariniers des Sables-d'Olonne nous renvoyassent les brandons qu'ils ont déjà lancés une fois au milieu de nous. Ces brandons ont cessé d'être dangereux; ils sont plus qu'à demi éteints; et le peu de flamme qu'ils pourraient jeter encore ne causerait probablement aucun incendie ni aucun dommage. Tout bien examiné, d'ailleurs, peut-être nous conviendrait-il mieux de revoir nos ennemis en face, dans leur tribune aux harangues, que de les savoir cachés dans une haute vente de charbonniers, ou dans les conciliabules d'un comité directeur. Mais la chose, considérée sous d'autres aspects, mériterait une attention plus sérieuse. Et, en effet, de la part de ceux qui s'obstineraient à braver des répugnances bien autrement nationales que celles de M. Manuel et de ses amis, la réélection de certains députés ne passerait-elle pas un peu les bornes de la plaisanterie et du scandale? Ne serait-on pas forcé de n'y plus voir qu'une sorte de voie de fait, un acte d'hostilité formel, une intention d'offense envers la majesté royale, et une grossière affectation de mépris pour tout ce qui tient à l'opi-

nion publique et aux convenances sociales ?
Outre que cette bravade ne paraîtrait pas de
bon goût, n'aurait-elle pas l'inconvénient d'en-
tacher, pour long-temps, d'un mauvais renom,
le pays et les gens qu'elle nous rappellerait ?
J'ignore s'ils en seraient punis immédiatement
par une éclatante désapprobation et par la
destruction subite de leur ouvrage. Mais si
j'entrais pour quelque chose dans les conseils
supérieurs de l'autorité, la proposition en serait faite et soutenue par de puissantes raisons.

Le corps électoral du royaume participe à
une sorte de souveraineté que je respecte ; je
lui accorde, sinon le droit, du moins la fa-
culté d'user et d'abuser. Seulement j'observe
que tout pouvoir qui n'a point de comptes à
rendre, que tous les gouvernemens absolus,
que l'empereur de Turquie et bien d'autres ont
aussi le droit, dans le même sens, d'abuser de
leur force de position, et de sortir des règles
de conduite établies par les lois naturelles ou
par la raison. Mais l'opinion publique, mais
les jugemens des hommes, mais un certain
instinct du juste et de l'injuste sont là pour les
y ramener, sous peine par eux de perdre des
droits plus honorables et plus précieux que celui d'abuser impunément de sa situation.

C'est ainsi que, dans les sociétés particulières, où l'on est jaloux de laisser l'estime de soi, on ne secoue pas tous les jougs qu'à la rigueur on pourrait quelquefois secouer. Il s'y établit une sorte de police qui impose des convenances et des devoirs, qui punit les manquemens graves, qui fixe les règles et pose les bornes, qui élague et répudie tout ce qui sort de la mesure des bienséances et des communes obligations. Le même genre de discipline se retrouve jusque dans les réunions les plus mélangées, jusque dans les confréries les plus vulgaires, jusque dans les loges de la franc-maçonnerie. N'y aurait-il donc que la société générale envers laquelle on fût dispensé de toute retenue et de toute pudeur ? Et quand les maîtres de maison se trouveront être des familles royales ou des assemblées d'Etats, aucune règle de bienséance et de respect ne sera-t-elle plus obligatoire ? Si les rois regardent comme au-dessous de leur dignité de punir l'injure et l'insolence qui cherchent à monter jusqu'à eux, les corps politiques placés autour des trônes n'auraient-ils pas le droit de se saisir eux-mêmes de la vengeance ? Il me semble que, sans recourir aux exemples donnés par le Parlement britannique, nous avons acquis à cet égard un antécédent assez décisif pour répondre à cette question.

Il n'y a pas long-temps qu'un homme moitié prêtre, moitié régicide, et chargé d'une des plus odieuses célébrités révolutionnaires, fut élu, comme par dérision et par bravade, pour siéger dans la Chambre des députés. Elle ressentit vivement cet affront; et tout le monde sait avec quelle indignation, vengeant à la fois la majesté royale et sa propre dignité, elle renvoya *l'indigne* vers ses dignes commettans, pour leur porter la première leçon de ce genre qu'elle eût encore donnée. Cet acte de sévérité ne contribua pas peu à marquer la renaissance de notre goût politique et de notre tact français; un murmure général d'approbation le consacra, et grâces publiques en furent rendues à la Chambre des députés.

Il est assurément bien loin de ma pensée de vouloir atténuer les motifs qui servirent à faire annuler une élection aussi scandaleuse; mais qu'il soit permis de les comparer, de les peser avec les considérations qui, dans telle autre circonstance donnée, pourraient amener et justifier les mêmes actes de vigueur.

De quoi s'agissait-il en effet dans la cause du candidat de l'Isère? D'un esprit infecté de toutes les utopies révolutionnaires, qui dans le temps avait émis un vœu sacrilége contre la personne de son Roi; qui avait mêlé un cri de complicité à tous les mille blasphêmes de cette époque; qui, dans l'agitation de ses rêves cruels, s'était franchement consacré aux sanglantes idoles de sa république. Il est probable que, fou de bonne foi, il s'était figuré que la famille de ses maîtres avait alors perdu sur lui tous ses droits de souveraineté, et que, frappée d'une éternelle proscription, elle resterait au-delà des fleuves de sang qu'il voyait couler entre elle et lui. Ainsi du moins il ne l'outrageait pas en face; et il ne l'insultait que dans des jours de délire, où tous les liens étaient rompus, tous les droits contestés, toutes les supériorités sociales et tous les devoirs méconnus, toutes les lumières de la raison éteintes ou obscurcies, en un mot, tous les principes de morale et de justice étouffés dans le chaos de l'anarchie.

Ces circonstances, je l'avoue, ne paraissent pas bien atténuantes quand il s'agit de les appliquer à la conduite d'un homme mûr, d'une raison très-éclairée, et revêtu d'un caractère sacré. Cependant on s'explique, jusqu'à un certain point, comment un mouvement de rotrtion aussi rapide que celui du char révolutionnaire, peut faire tourner momentanément une tête d'ailleurs saine et bien organisée; comment l'action d'une terreur violente, comment l'étourdissement général des esprits, comment la décomposition entière des élémens de la société, comment l'égoïsme et la lâcheté personnelle d'un individu, peuvent altérer son jugement et ses principes. Il me semble, du moins, que je ne serais pas embarrassé pour trouver des choses plus difficiles à concevoir.

Et, par exemple, une de ces choses qui m'étonneraient davantage, serait de voir qu'en 1822, dans notre Chambre actuelle des députés, un homme pût être aussi impunément révolutionnaire, aussi impunément ennemi de son souverain légitime, qu'on le fut en 1792, dans la Convention nationale; ce serait d'y rencontrer des professeurs d'anarchie non moins violens, non moins furieux que les anciens pères de la république, et auxquels on laisserait la parole tout du long de cinq sessions législatives, pour reproduire et soutenir toutes les doctrines qui, dans le temps, renversèrent l'autel et le trône; enfin, ce serait de voir que, pour prix de tant d'audace et de scandale, en reconnaissance de tant de haine contre la monarchie, ils pussent être, après l'expiration de leur mandat, rendus à la Chambre des députés.

Pour mettre la question dans tout son jour et fixer clairement le principe des *indignités* ou empêchemens politiques, choisissons un nouveau Grégoire dans l'ordre de choses actuel, pour l'opposer et le comparer à celui que des souvenirs odieux ont fait frapper d'interdiction. Prenons-le beaucoup en deçà de la Convention nationale et du procès de Louis XVI. Supposons qu'il n'ait au soleil que des utopies républicaines et des antécédens politiques pareils à ceux de M. de La Fayette; ou bien un Acte additionnel et des rapsodies bigarrées de cent couleurs, comme celles de M. Benjamin Constant; ou bien des harangues, tantôt fières, tantôt séditieuses et mal sonnantes, comme celles de M. Manuel pendant les cent-jours; ou bien encore une somme d'obscurités métaphysiques pareilles à celles de M. Kératry et de ses frères de la *doctrine*.

Avec un de ces antécédens, un collége électoral le nomme député, et il est admis sans contestation. Il trouve la révolution terminée, l'ordre social rétabli, l'anarchie repoussée aux enfers, les droits de la monarchie reconnus et fortifiés d'une nouvelle consécration, un pacte d'alliance adopté avec enthousiasme, la France paisible au-dedans et au-dehors, un peu incertaine de ses destinées, il est vrai, sous un ministère incertain lui-même de ses vues, et prêt à composer avec toutes les factions ennemies de la royauté. C'est au milieu de cet état de choses que notre député se présente et s'installe. Il commence par professer les doctrines les plus séditieuses, les plus subversives de la monarchie. Soutenu de quelques niveleurs, qu'il appelle *la France entière*, l'audacieux tribun s'enhardit de jour en jour; et ne pouvant plus contenir les passions révolutionnaires qui l'agitent, il éprouve le besoin de les épancher. Il monte à la tribune; et de là, regardant en face le trône de son souverain et le palais de ses maîtres, il déclare hautement que *sa France entière* a vu revenir les Bourbons avec répugnance; et de peur qu'on ne l'ait pas assez bien entendu, il répète son blasphême jusqu'à trois fois.

Or, dans cette hypothèse, on ne voit pas en quoi le Grégoire de la Chambre des députés serait plus excusable que le Grégoire de la Convention. Celui de 1822 aurait exprimé la

même pensée que celui de 1792. Le même
sentiment de rage et d'aversion contre la famille de nos Rois se serait échappé du fond de
leur cœur, avec cette différence que l'un aurait
fait dans le calme ce que l'autre avait fait dans
le délire ; car, il est juste de le remarquer, les
fastes de 1822 seront plus étonnés que ceux de
92 d'avoir à recueillir, contre les successeurs
de Louis IX et d'Henri IV, l'équivalent de
cette grossière formule de proscription : « Vous
nous êtes odieux ; c'est malgré nous que l'exil
n'achève pas de vous dévorer ; tous nos efforts
tendront à vous repousser, et nos répugnances
ne finiront qu'avec votre règne. »

Si donc vous attribuez un rôle et un langage pareils au Grégoire supposé de la Chambre des députés , certainement le Grégoire de
la Convention vous paraîtra surpassé par lui
en *indignité*, en esprit de sédition , et surtout
en impudence. La conduite du premier vous
causera moins de surprise et de *répugnance*
que celle de l'autre, parce que celui-ci n'aura
rien à rejeter ni sur les influences du temps ni
sur les difficultés de position ; parce qu'il aura
calomnié sciemment, non pas sa France entière, mais la nôtre, en lui attribuant la perversité de cœur et d'esprit des soixante mille

charbonniers qu'il représente. Vous aurez plus de pitié du conventionnel que du député nouveau, par la raison que l'un était en démence, et que l'autre est de sang-froid ; que l'un recevait simplement l'impulsion du mal, et que l'autre la donne ; que la méchanceté de l'un ne s'exerçait que sur des ruines et des cadavres, tandis que la méchanceté de l'autre s'exerce contre la paix publique et des existences réelles. Or, je vous le demande, si ce que vous savez actuellement du nouveau Grégoire vous eût été connu quelques années plus tôt ; si les antécédens qu'il a maintenant acquis se fussent alors élevés contre lui ; si le fond de sa pensée et le secret de ses doctrines eussent été révélés à la France quand il se présenta pour siéger à la Chambre des députés, aurait-on dû le repousser avec moins d'indignation et d'horreur que le Grégoire de la Convention ? Toute la question est là ; c'est au cœur des gens de bien à la résoudre.

Cependant vous attendrez patiemment que le nouveau Grégoire ait épuisé son mandat de cinq sessions législatives ; c'est un égard que vous devez à ses commettans, qui sans doute ne connaissaient pas ses principes et ses répugnances à l'époque où ils vous l'ont envoyé.

La justice veut qu'on ne les punisse pas de cette ignorance, qu'on présume leur bonne foi, et qu'on n'étende pas sur eux la marque de réprobation qui n'appartient jusqu'ici qu'à leur député.

Mais ici la mesure de l'indulgence s'arrête et se comble à l'égard de ses commettans. A présent qu'ils savent à quoi s'en tenir sur sa manière de les représenter, sur son esprit d'anarchie, sur le dévergondage révolutionnaire de ses doctrines, en un mot, sur les causes d'empêchement et d'*indignité* politique qui lui font encourir l'interdiction, ils doivent sentir qu'aucune excuse de leur part ne serait désormais admissible, s'ils s'obstinaient à vouloir le jeter, de nouveau, dans la Chambre des députés, ou comme une pomme de discorde ou comme le gant du défi. Par la raison qu'ils n'en pourraient plus prétendre cause d'ignorance, et que ce serait sciemment qu'ils auraient pris sur eux les conséquences de cette hostilité, il me semble qu'on se trouverait suffisamment dégagé de tout ménagement à leur égard, et qu'en leur renvoyant immédiatement, avec leur candidat, l'affront qu'ils auraient cru adresser à la Chambre des députés, ainsi qu'à la famille royale, on ne ferait que répondre à une coupable agression par les plus justes représailles.

A la bonne heure, dira-t-on ; voilà un acte de vigueur appliqué avec justesse et plus que suffisamment justifié. Mais on ne voit ici qu'un député *indigne* à marquer du sceau de la réprobation. Lui seul a proféré le blasphême qui a révolté la France et scandalisé l'Europe. Si vous ne connaissez pas de complices de son fanatisme et de ses répugnaces, à quoi se réduirait votre système d'épuration *pour cause d'indignité !*

Il est vrai que je n'ai entendu personne répéter hautement l'anathême prononcé contre les patriarches de la monarchie française, par l'orateur des Sables - d'Olonne. Mais je n'ai entendu non plus aucun de ses amis protester contre cette sacrilége déclaration de principes, ni se défendre, en aucune manière, du soupçon de complicité que leurs liaisons et leur identité politiques pouvaient autoriser. Au contraire, je les ai vus, à son retour de la tribune, se grouper au-devant de lui, selon leur coutume, pour le saluer de leurs signes de satisfaction et de leurs bourdonemens approbateurs. Je les ai vus qui semblaient lui dire du geste et de la voix : Recevez nos sincères félicitations ; vous avez parfaitement rendu notre pensée, et déchargé notre cœur. Or, il n'y avait qu'une protestation solennelle de leur part, qui pût, en ce qui les concerne, remédier aux conséquences de cette infamie. Bien loin de là ; les principaux d'entre eux ont comme affecté de s'y associer par d'autres gages analogues et plus ou moins révolutionnaires. Si, à leur tour, ils sont montés à la tribune, c'était pour exprimer la commune fureur qui les anime envers le gouvernement; c'était pour en appeler contre lui, les uns à la glorieuse cocarde tricolore ; les autres à la séditieuse portion de la jeunesse ; d'autres enfin, à l'énergie du peuple et à la garde nationale de 89.

Dans ces sortes de questions, c'est à la conscience et à la bonne foi des électeurs qu'il faut en appeler, parce que l'opinion publique n'a pas d'autres règles de jugement pour les accuser ou les absoudre. Or, à qui persuadera-t-on que les doctrines et les sentimens de M. de La Fayette, par exemple, soient antipathiques de ceux de M. Manuel, ou que les répugnances de ce dernier lui aient fait des adversaires politiques de MM. Kératry et Benjamin Cons-

tant? A qui persuadera-t-on que tous ces ex-
honorables pussent être rendus à la Chambre
des députés, dans des intentions amies du
trône des Bourbons et de la légitimité? A qui
persuadera-t-on que des électeurs vraiment
bien intentionnés, qui chercheraient la paix
et le bonheur de la France dans toute la sin-
cérité de leur cœur, ne pussent découvrir autour d'eux, rien de meilleur et de plus rassu-
rant que les principes de ces dignes compa-
gnons d'armes?

Et quand on voudrait douter de la confor-
mité de leurs vues et de leur identité politique, eux-mêmes ils ne le permettraient pas.
Sans cesse ils se sont déclarés solidaires; sans
cesse ils ont parlé chacun pour tous, en se faisant
forts de leurs honorables amis, en invoquant
les liens indissolubles de cette union. De quel
droit un collége électoral voudrait-il séparer
ce que l'esprit de révolution a uni; et comment prétendrait-il mieux connaître que ces
ex-députés eux-mêmes, le degré de sympathie
et la force des engagemens qui les rendent in-
séparables?

Ainsi, je ne crois pas qu'il y ait beaucoup
de consciences électorales capables de s'y mé-
prendre; ainsi, l'opinion publique serait juste

en punissant avec la même rigueur, et celui qui s'est chargé d'exprimer de si criminelles répugnances, et ceux qui sont, avec tant de fondement, soupçonnés de les partager, et ceux-là encore qui, dans les élections, feindraient de ne pas les placer exactement sur la même ligne.

Je veux bien faire grâce à ceux que la chose regarde, du surcroît de prévention qui pourrait avoir trouvé place contre eux, dans quelques esprits susceptibles, par suite de l'instruction d'un procès politique récent. Quoique Machiavel ait appris à beaucoup de gens, qu'un habile conspirateur ne doit jamais écrire un seul mot, je veux bien croire que les habiles de nos jours ne suivraient pas son conseil, et que, par conséquent, l'absence de leur écriture est une preuve irrécusable de leur innocence. Quoique le même Machiavel regarde comme impossible qu'une conspiration ne soit pas découverte et révélée quand le nombre des conjurés passe trois ou quatre, je veux bien croire encore que, dans ce siècle de lumières et de perfectibilité, on ne puisse jamais se trouver compromis que par des contumaces et des agens provocateurs. Mais enfin, les préventions dont il s'agit, ne fussent-elles entrées que dans un million d'esprits faibles, encore n'est-il pas défendu de se rappeler à ce sujet que la femme de César ne doit être soupçonnée de personne. Et comme la Chambre des députés, comme la France entière et la majeste royale sont aussi respectables que le lit de César, je ne vois pas pourquoi on les traiterait avec moins de scrupule et de délicatesse.

Au surplus, quand ce petit supplément *d'indignité* serait mieux établi, je ne ferais aucune difficulté d'y renoncer pour m'en tenir aux seuls antécédens notoires et authentiques de ceux de nos députés sortans dont la réélection serait un scandale.

L'objet particulier que j'ai en vue dans cet écrit, n'est pas de convertir les principaux factieux des mauvais colléges électoraux; je sais fort bien que de plus habiles que moi y perdraient leur temps et leurs efforts, et que le genre de maladie dont ils sont atteints ne se guérit ni par de saines raisons ni par d'utiles conseils. Mon but est de faire germer dans les esprits sages, l'idée d'un système de répudiation politique contre lequel les portes de l'anarchie ne prévaudraient plus. J'entends par-là qu'il pourrait s'établir dans la Chambre

des députés de simples règles de discipline,
au moyen desquelles on verrait repousser de
son enceinte quiconque y aurait déjà fait ses
preuves de sédition, de malveillance et de dé-
loyauté; quiconque s'y présenterait avec une
scandaleuse célébrité révolutionnaire; quiconque enfin n'y paraîtrait visiblement envoyé
qu'avec des intentions de désordre, d'insulte
et de bravade. De cette manière, les élections
ne tarderaient pas à prendre d'elles-mêmes la
salutaire et pacifique direction qui leur con-
vient. Une seule leçon donnée à propos à ceux
qui vous offraient le prêtre Grégoire, vous a
débarrassés pour toujours des hommes qui ap-
partiennent ou qui touchent seulement à sa
catégorie; et vous n'aurez plus à punir d'insolence pareille à celle de ses commettans. Sachez montrer la même vigueur et la même *répugnance* envers les autres catégories révolutionnaires ou séditieuses, et l'on se déshabi-
tuera bientôt d'y chercher des instrumens d'a-
narchie et de guerre civile. Ce qui vous reste
encore d'orateurs à scandale prendra peu à
peu le langage des bienséances parlementaires;
il aimera mieux entrer dans les voies de la mo-
dération, et rester dans les bornes de la pudeur, que de fermer d'avance sur lui les portes

de vôtre palais, et de risquer avec vous l'avenir de son ambition.

Je suis loin d'imaginer toutefois que ce soit là l'unique ressource qui reste au gouvernement pour changer l'arêne de la Chambre des députés en un théâtre plus digne de sa noble destination. Maintenant que le ministère est composé selon le cœur des honnêtes gens, maintenant qu'il est soutenu par toutes les forces de l'opinion publique, il ne tient qu'à lui de se rendre imposant, et de trancher dans le vif avec ses ennemis. Déjà des esprits judicieux ont solidement établi que, de la part de tous les hommes qui vivent de sa confiance et de sa faveur, il y a trahison et forfaiture à voter contre lui dans les élections. S'ils sont les maîtres de disposer de leurs suffrages politiques à son détriment, il est le maître aussi de punir leur ingratitude, et de se choisir de meilleurs amis. Comme il y a dérision et perfidie à recevoir ses bienfaits d'une main et à le frapper de l'autre, il a incontestablement le droit de congédier ces faux serviteurs, pour en chercher de moins dangereux et de moins déloyaux. Si dans tous les pays du monde, il est permis d'écraser la tête des serpens, c'est bien la moindre chose qu'on ne soit pas obligé de les nourrir.

dans son sein. Quand un soldat ne veut pas combattre avec l'armée où il sert, il déserte. Ainsi, du moins, il n'y reste pas comme ennemi, et il commence par renoncer à sa paye.

Le bons sens et l'intérêt privé sont un autre remède sur lequel il est permis de ne pas moins compter. Je veux que le nombre des libéraux aveugles et stupides soit encore nombreux; je veux qu'il soit dirigé par des maîtres habiles et infatigables, qui ne se lasseront point de le conduire aux sources des révolutions. Mais enfin, il est rare que les hommes consentent à être long-temps les ennemis d'eux-mêmes. A force d'être trompés par les promesses de l'intrigue et des factions, ils finissent par revenir au parti de la raison. Le nombre des fanatiques incurables diminue de jour en jour. Chaque rêve détruit, chaque espérance déçue, chaque triomphe de la vérité sur le mensonge, en détache quelques-uns des illusions révolutionnaires, et leur ouvre la réflexion. Le parti qui n'offre que des désavantages, des périls continuels et de la fumée, ne se soutient pas long-temps contre celui qui offre le repos, la sûreté, l'estime publique et la bienveillance du gouvernement. Comme il n'y a pas d'être animé qui n'ait des yeux et

un instinct capables de lui faire distinguer ce
qui est utile ou nuisible à sa conservation, il
ne faut plus qu'éveiller aujourd'hui le sentiment de l'intérêt privé pour opérer la guérison
politique de ceux qui ne sont pas volontairement
malades d'obstination et de fureur.

Ainsi, donnez-moi le libéral le plus infecté
du troupeau, l'esprit le plus fasciné de rêveries
et d'absurdités; donnez-le-moi sortant des
mains de M. Bignon, ou de l'école de M. Gui-
zot, ou du cabinet de toilette du marquis de
Chauvelin, ou des bureaux du *Courrier français*, ou d'une conférence particulière avec
M. de La Fayette, ou enfin d'une vente cen-
trale de charbonniers : pour peu qu'il en rap-
porte de bon sens, je me fais fort de le guérir
des mauvaises impressions qu'il aura reçues,
et de lui calmer entièrement l'imagination.

Quelque facilité qu'on ait eue à lui faire
partager les répugnances de M. Manuel et
de ses légions de chevaliers; quelque chose
qu'on ait pu lui dire en faveur du glorieux
drapeau tricolore et des Abruzzes ; en faveur de l'Acte additionnel et de la studieuse
jeunesse; en faveur de l'énergie du peuple
et de la souveraineté nationale ; en faveur
de la Constitution de 91 et du plus saint des

devoirs ; en faveur des soldats de l'île de Léon et de l'héroïque Espagne, je parviendrai à lui faire comprendre que tout cela ne vaut guère mieux que l'état de paix et de prospérité publique dont nous jouissons. Je lui demanderai s'il croit, de bonne foi, que c'est pour le faire ministre ou maréchal de France, que les factieux l'attirent dans leurs filets, et le prient de se joindre à eux pour renverser le gouvernement. Comme il est électeur, il possède quelque chose ; et j'en prendrai occasion de lui représenter que ce quelque chose est meilleur à garder, plus solide et plus sûr que les promesses des révolutions. S'il est père de famille, je n'aurai pas de peine à lui faire sentir combien la stabilité d'un règne doux et paisible est propre à lui épargner des sollicitudes, et à le rassurer sur l'avenir de ses enfans ; combien il doit contribuer de ses vœux et de ses efforts, à la consolidation d'un ordre de choses qui les préservera des périls sans cesse attachés aux commotions politiques, qui ne dérangera rien à la position où il les aura mis, et qui lui permettra, pour ainsi dire, de compter en mourant, tous les pas qui leur resteront à faire dans la carrière où il les laissera. S'il a quelques principes de justice et de morale, je le forcerai de convenir que l'idée de repousser vers les terres d'exil, la famille la plus auguste, la plus glorieuse et la plus patriarcale de l'Europe, appartient de plus près à l'enfer qu'à la terre, et qu'il y a plus de perversité dans les froides répugnances de M. Manuel, que dans les fureurs démagogiques du prêtre de l'Isère. Enfin, s'il a quelque expérience, je lui rappellerai qu'il n'y a de succès en révolution que pour les maîtres et les jongleurs en chef; que tous promettent de faire mieux que leurs devanciers; mais qu'en dernier résultat, c'est toujours le stupide troupeau des dupes qui paie de son sang et de son argent les frais de démolition et de reconstruction des édifices sociaux.

Il n'y a pas un électeur honnête homme jouissant de la plénitude de sa raison, qui ne soit en état de donner à ces réflexions le peu de développement dont elles ont besoin pour être portées jusqu'à l'évidence et à la plus complète persuasion. S'il n'en a pas été frappé plus tôt, c'est qu'au milieu des vents variables des ministères précédens, il a pu s'abandonner aveuglément aux sinistres influences du temps, et ignorer la vraie destination du vaisseau de l'Etat. A présent qu'il le sait à l'abri des tempêtes politiques, et arrivé dans le port de la royauté, par quelle criminelle pensée serait-il induit à vouloir le repousser au milieu des écueils ?

Cependant je crois entendre partir des paisibles bords de la Seine, le perfide et séditieux conseil que le génie du mal est chargé de souffler sur les colléges électoraux des départemens, par ordre des libéraux de Paris et l'exprès commandement de leur comité-directeur. « Souvenez-vous, leur dira-t il, du bel « exemple d'élection que la capitale vous a « donné tout récemment. C'est à elle qu'il con- « vient d'apprécier vos besoins et de régler « votre esprit public. N'oubliez pas que sous « le Père-du-Chêne, sous Chaumette et Pé- « thion, la commune de Paris fut l'arbitre de « vos destinées, et que ce sont les banquiers « de la Chaussée-d'Antin qui remplacent au- « jourd'hui cette glorieuse et puissante muni- « cipalité. Recevez donc l'impulsion qui vous « est donnée par eux, et partagez le bon esprit « qui les anime. Vous appartient-il de com- « mander aux vents et aux tempêtes du libé- « ralisme, déchaînés contre la monarchie ? « Sous les yeux même du ministère, et au mi- « lieu de toutes les influences politiques, il a

« su braver l'opinion publique et le gouverne-
« ment. Est-ce à vous à maîtriser un torrent
« que ne peut arrêter le palais des rois ? »

Oui, leur dirai-je à mon tour, oui, vous
pouvez maîtriser ce torrent, vous qui appar-
tenez à des populations pures et indigènes ;
vous qui connaissez leur besoin de paix et de
stabilité ; vous qui exprimez des vœux exempts
de passion et d'esprit de discorde ; vous qui
représentez des intérêts nécessairement amis
du trône des Bourbons. Paris forme une ville
à part, une ville d'exception, qui est comme
le centre de la dépravation sociale et le lazaret
de tous les lépreux révolutionnaires. C'est une
population mélangée, sans physionomie, sans
type natal, composée en grande partie de
peuplades étrangères qui viennent y cacher
leurs dépouilles opimes. La plupart des for-
tunes nouvelles n'y sont anoblies par aucun
principe d'éducation première, ni par aucune
élévation de sentimens. On y compterait faci-
lement dix mille riches de cette espèce, dont
les noms s'étonnent d'être devenus électoraux.
Cependant l'argent leur a donné de l'orgueil,
et tous les honneurs du royaume suffiraient à
peine pour désaltérer leurs prétentions ; de
sorte qu'à son tour, l'orgueil leur donne de

l'humeur contre tout ce qui brille ou domine en dehors d'eux. Envieux de toutes les distinctions et de toutes les supériorités sociales, ils passent leur vie à en médire et à sécher de dépit de n'y pas atteindre. Une chose qu'ils comprennent très-bien et qu'ils supportent volontiers, c'est qu'il y ait des rangs au-dessous d'eux et que l'on y reste ; mais qu'il y en ait au-dessus, c'est ce qu'ils ne peuvent concevoir et ce qui leur paraît tout à fait contre nature. Aussi l'objet de leurs savantes combinaisons est-il d'opérer désormais les révolutions par en haut, et de les arrêter par en bas ; de manière à faire descendre ce qui est trop grand, sans faire monter ce qui est trop petit.

C'est de cette utopie absurde que naissent les doctrinaires ; et voilà pourquoi vous n'entendez rien à leur obscur galimatias. Pour que vous y compreniez quelque chose, sachez que ce sont des demi-factieux, des demi-révolutionnaires, des demi-nobles, des demi-honnêtes gens qui ont une demi-fidélité, des demi-principes, des demi-répugnances, et qui ne veulent que des demi-tours de roue dans les révolutions. Or, observez aussi que ces termes moyens s'ajustent parfaitement avec la jalousie et les prétentions des milliers de riches nouveaux, dont l'argent cherche à faire des demi-patriciens dans la capitale ; et vous connaîtrez exactement la nature de la maladie qui travaille l'esprit électoral de Paris.

Comme un pareil entassement de richesses envieuses et de vanités mécontentes, ne peut se rencontrer nulle part ailleurs dans les classes électorales, vous voyez que l'exemple sur lequel on s'appuierait dans les départemens, pour y faire d'aussi mauvaise besogne qu'à Paris, ne justifierait certainement personne, et ne serait propre qu'à réveiller un souvenir dont les honnêtes gens de la capitale ne sont pas très-fiers.

En nous résumant, disons que le gouvernement actuel du Roi a pris trop de force et acquis trop de consistance dans l'opinion publique, pour ne pas se sentir en état de dédaigner quelques misérables et impuissantes bravades électorales, que d'ailleurs il trouverait toujours bien occasion de punir. Mais son dédain serait - il interprété d'une manière convenable, et le sentiment de sa dignité ne le forcerait-il pas, malgré lui, de mettre des bornes à son indulgence ? C'est une question que je me fais sans aller jusqu'à la résoudre. Mais ce qui paraît incontestable, c'est que, si quelques engagemens de parti ont pu embarrasser les ministères précédens, les gêner dans l'accomplissement de leurs devoirs envers la monarchie, rien de pareil n'est à craindre de la part d'un ministère sans peur et sans reproche, qui marche avec tout ce que la France compte de bons citoyens, et les Bourbons de sujets fidèles.

FIN.

Imprimerie de J. G. DENTU.

www.ingramcontent.com/pod-product-compliance
Lightning Source LLC
Chambersburg PA
CBHW070827160726
PP18578800001B/59